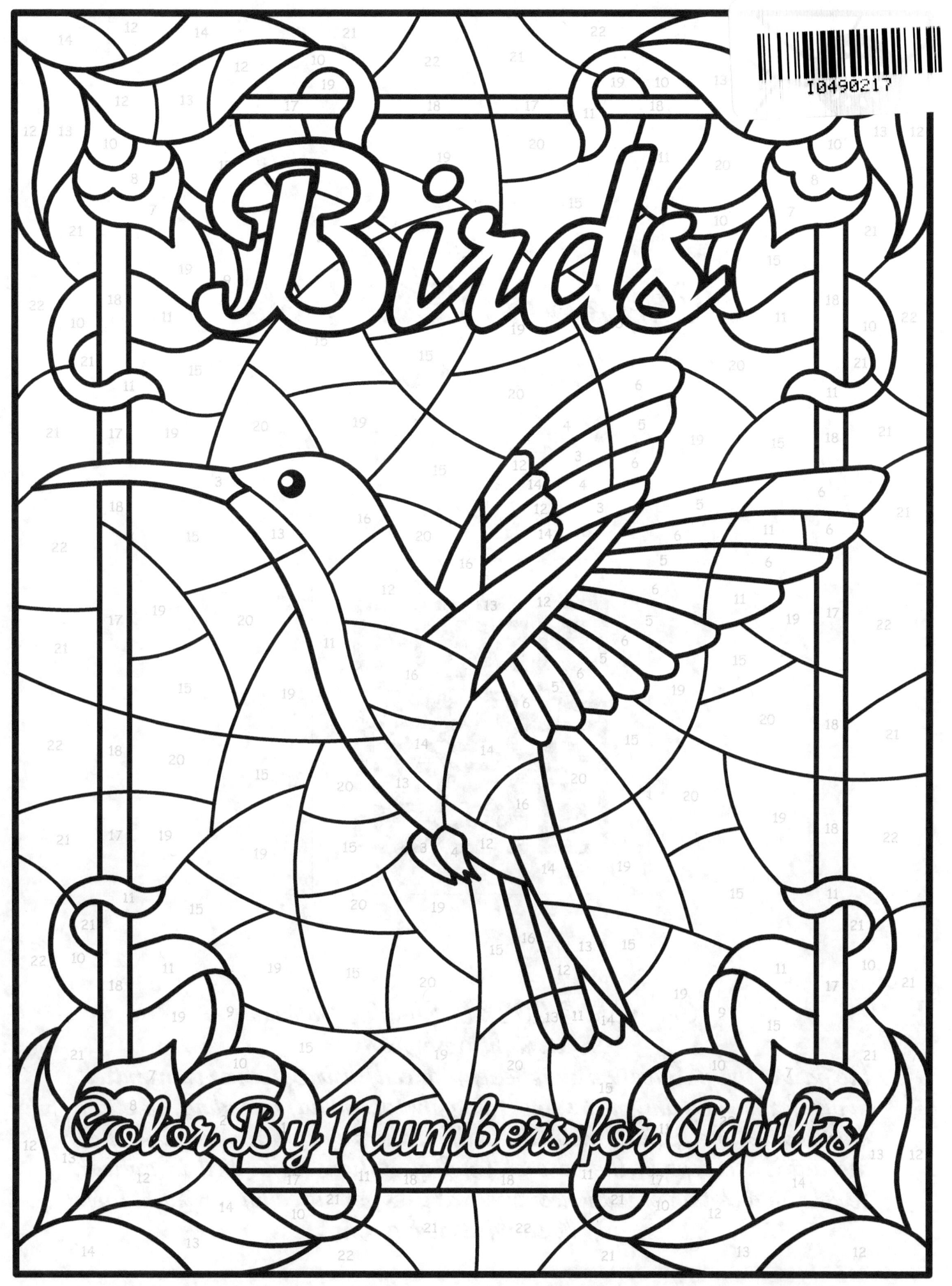

Check our NEW book
releases on
SunlifeDrawing.com

Your Color Palette

○	○	○	○	○	○	○	○	○	○	○	①	*Black*
○	○	○	○	○	○	○	○	○	○	○	②	*Gray*
○	○	○	○	○	○	○	○	○	○	○	③	*Dark Brown*
○	○	○	○	○	○	○	○	○	○	○	④	*Brown*
○	○	○	○	○	○	○	○	○	○	○	⑤	*Tan*
○	○	○	○	○	○	○	○	○	○	○	⑥	*Peach*
○	○	○	○	○	○	○	○	○	○	○	⑦	*Red*
○	○	○	○	○	○	○	○	○	○	○	⑧	*Red Orange*
○	○	○	○	○	○	○	○	○	○	○	⑨	*Orange*
○	○	○	○	○	○	○	○	○	○	○	⑩	*Yellow Orange*
○	○	○	○	○	○	○	○	○	○	○	⑪	*Yellow*
○	○	○	○	○	○	○	○	○	○	○	⑫	*Yellow Green*
○	○	○	○	○	○	○	○	○	○	○	⑬	*Green*
○	○	○	○	○	○	○	○	○	○	○	⑭	*Dark Green*
○	○	○	○	○	○	○	○	○	○	○	⑮	*Aqua Green*
○	○	○	○	○	○	○	○	○	○	○	⑯	*Light Blue*
○	○	○	○	○	○	○	○	○	○	○	⑰	*Blue*
○	○	○	○	○	○	○	○	○	○	○	⑱	*Dark Blue*
○	○	○	○	○	○	○	○	○	○	○	⑲	*Pink*
○	○	○	○	○	○	○	○	○	○	○	⑳	*Violet*
○	○	○	○	○	○	○	○	○	○	○	㉑	*Dark Violet*
○	○	○	○	○	○	○	○	○	○	○	㉒	*Magenta*

(2) Gray

(3) Dark Brown

(4) Brown

(5) Tan

(6) Peach

(7) Red

(8) Red Orange

(10) Yellow Orange

(11) Yellow

(12) Yellow Green

(13) Green

(14) Dark Green

(16) Light Blue

(17) Blue

(18) Dark Blue

(19) Pink

(20) Violet

Jays

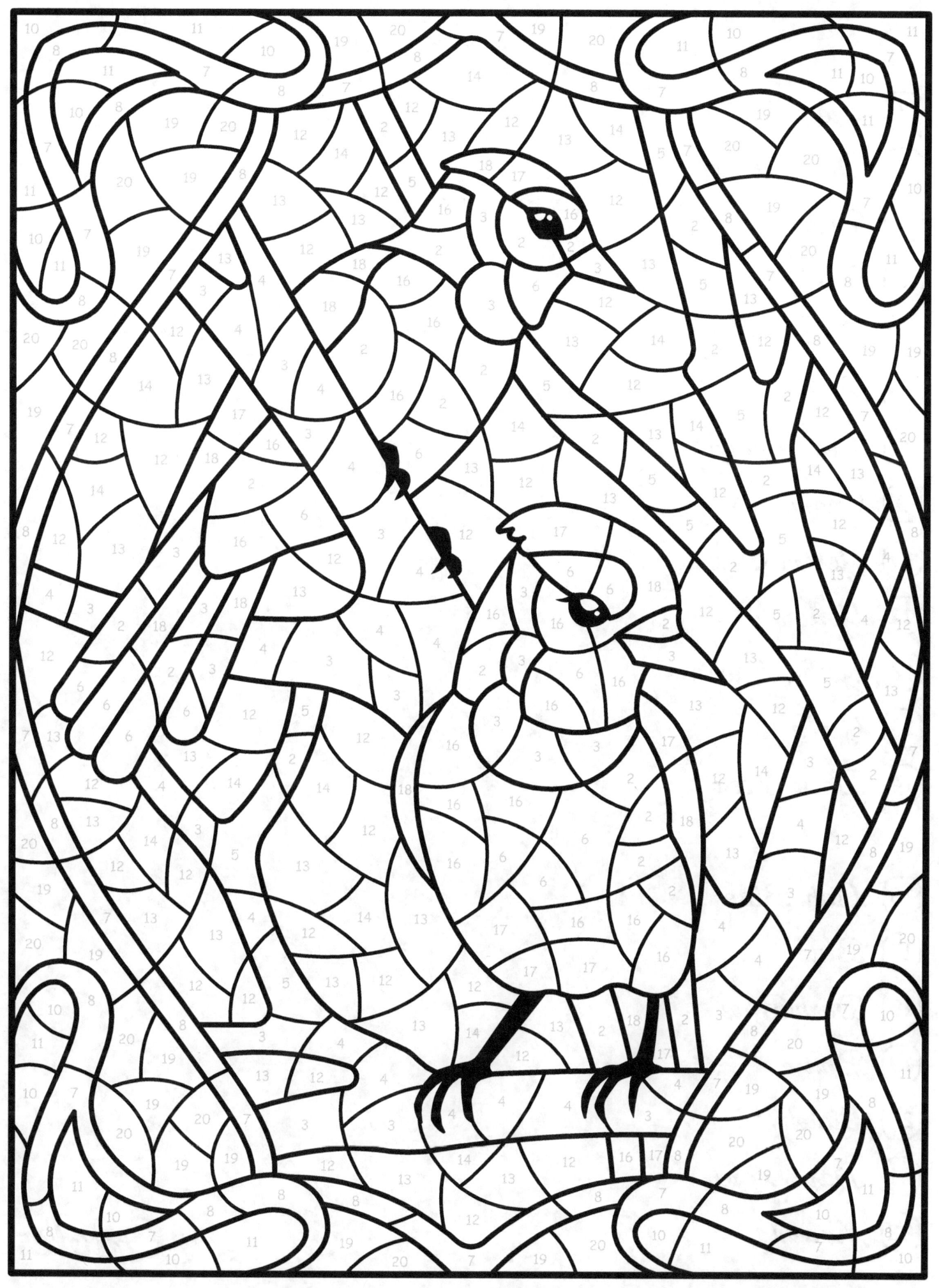

- (2) Gray
- (3) Dark Brown
- (4) Brown
- (5) Tan

- (7) Red
- (8) Red Orange
- (9) Orange
- (10) Yellow Orange
- (11) Yellow
- (12) Yellow Green
- (13) Green
- (14) Dark Green

- (16) Light Blue
- (17) Blue
- (18) Dark Blue
- (19) Pink
- (20) Violet
- (21) Dark Violet
- (22) Magenta

Orioles

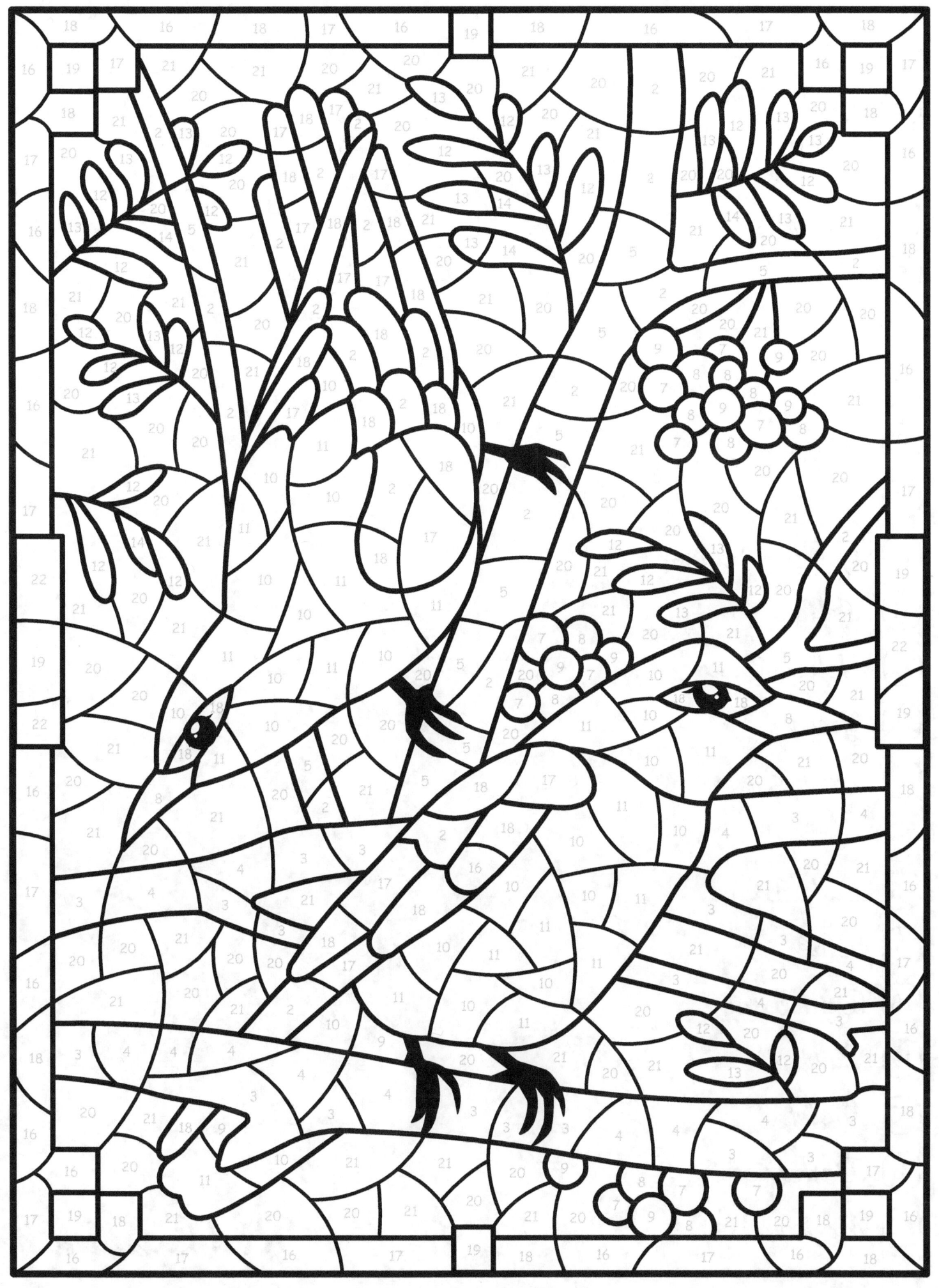

(2) Gray

(4) Brown

(5) Tan

(7) Red

(8) Red Orange

(9) Orange

(10) Yellow Orange

(11) Yellow

(12) Yellow Green

(13) Green

(14) Dark Green

(16) Light Blue

(17) Blue

(18) Dark Blue

(19) Pink

(20) Violet

(21) Dark Violet

(22) Magenta

Red Cardinal

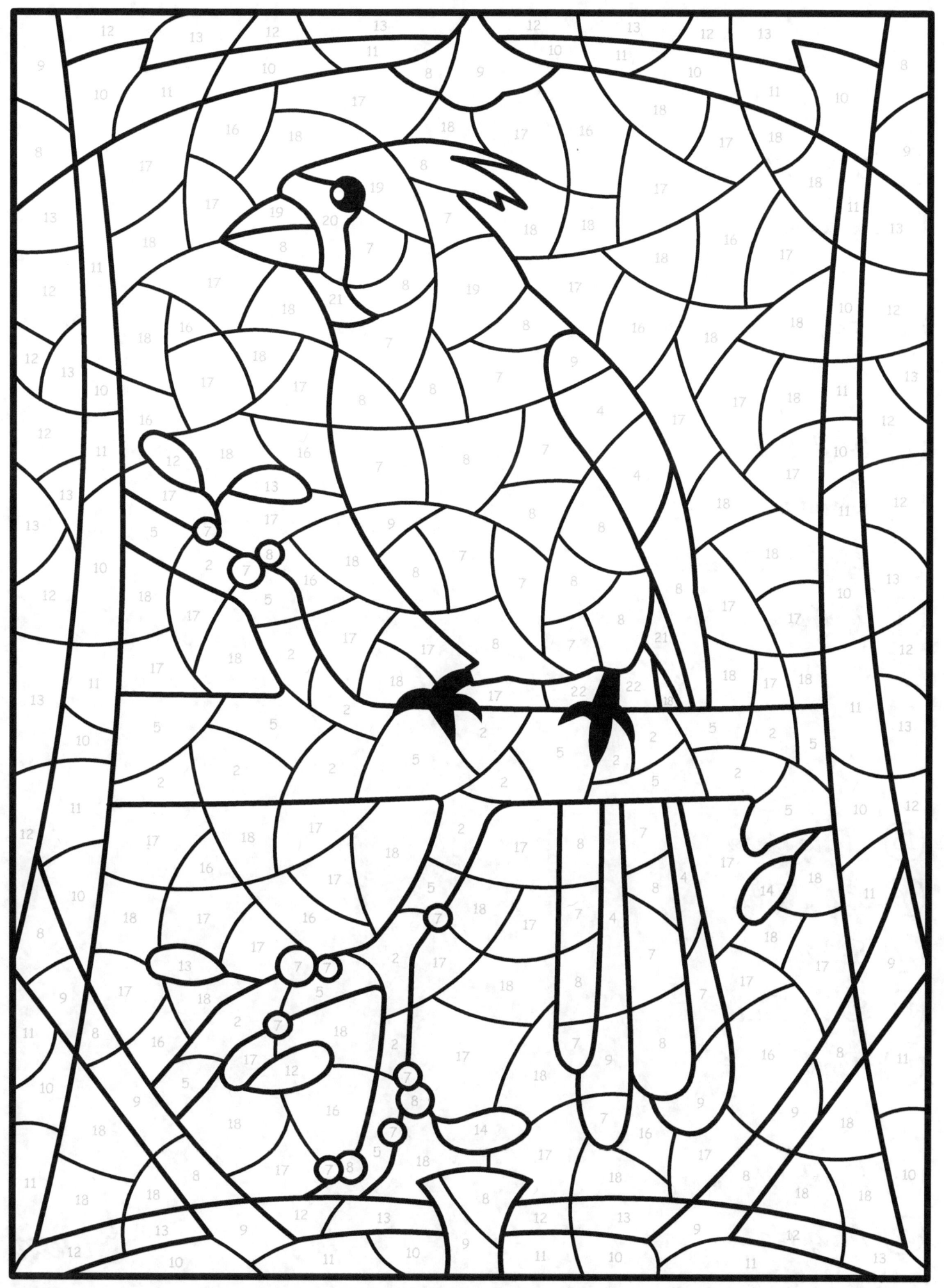

Swan

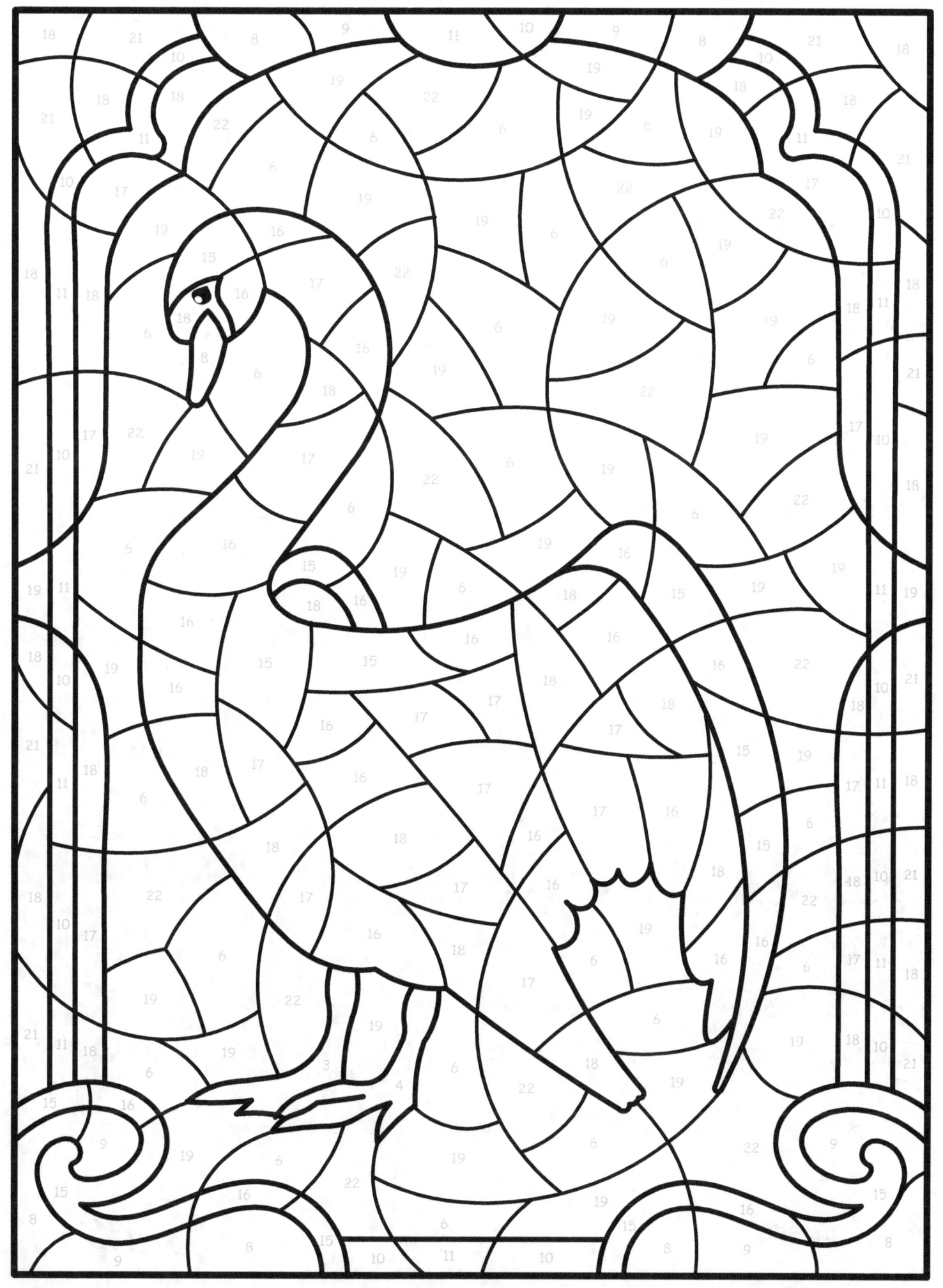

(2) Gray

(3) Dark Brown

(4) Brown

(5) Tan

(6) Peach

(7) Red

(8) Red Orange

(9) Orange

(16) Light Blue

(17) Blue

(18) Dark Blue

(19) Pink

(22) Magenta

Bullfinch

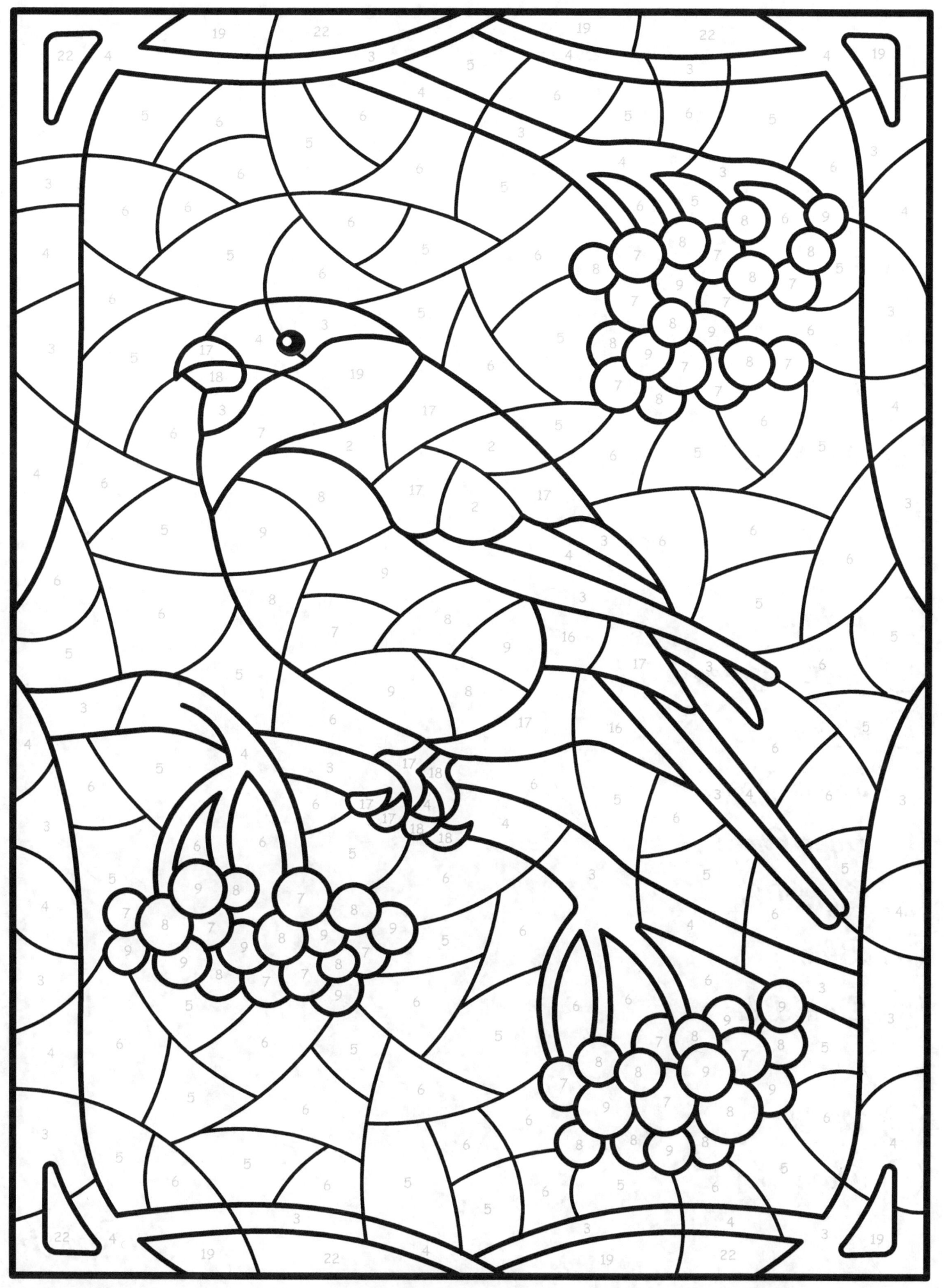

(5) Tan

(6) Peach

(7) Red

(8) Red Orange

(11) Yellow

(12) Yellow Green

(13) Green

(14) Dark Green

(15) Aqua Green

(16) Light Blue

(17) Blue

(18) Dark Blue

(20) Violet

(21) Dark Violet

Stork

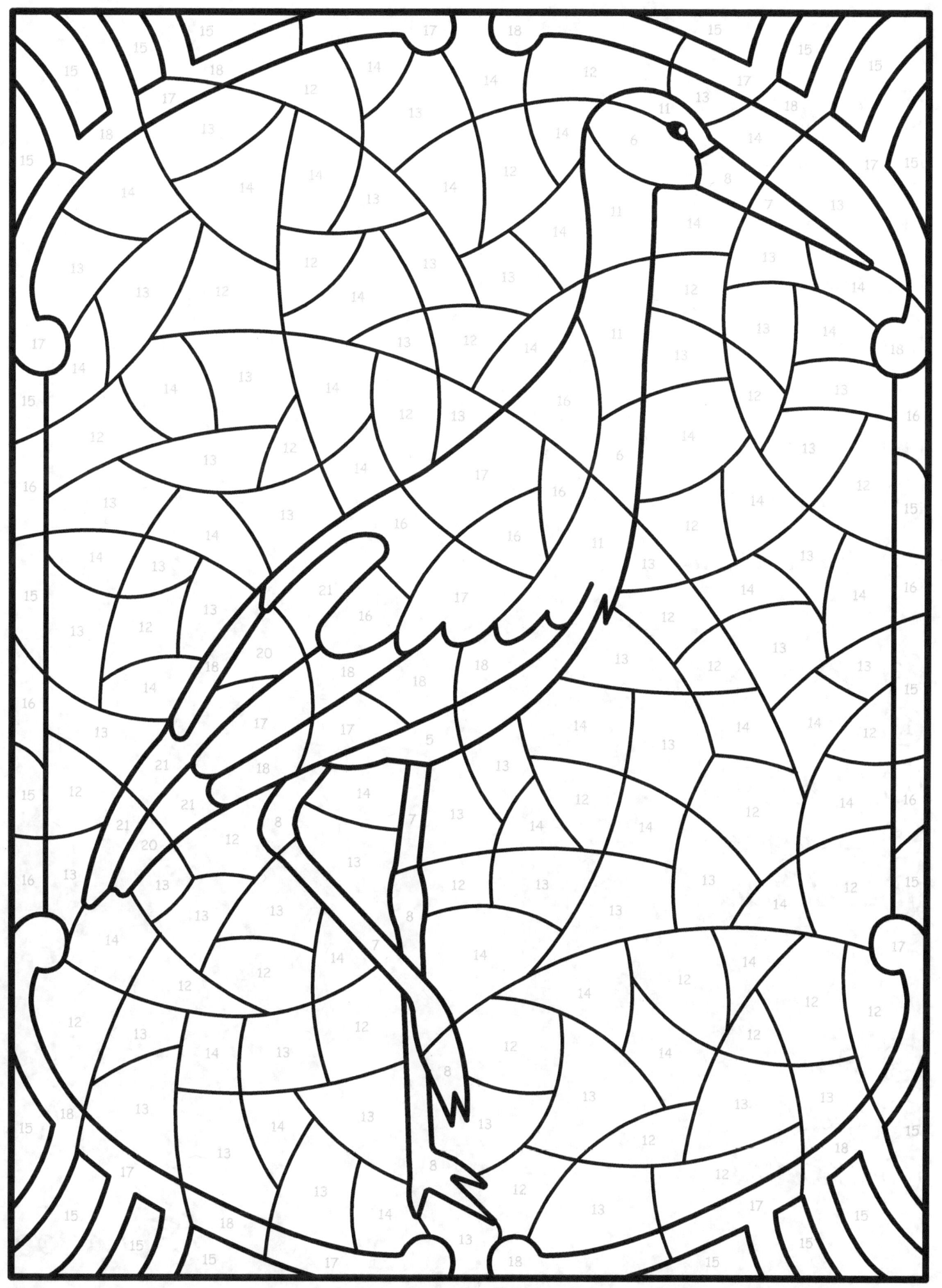

② Gray

③ Dark Brown

④ Brown

⑤ Tan

⑥ Peach

⑧ Red Orange

⑨ Orange

⑩ Yellow Orange

⑫ Yellow Green

⑬ Green

⑭ Dark Green

⑮ Aqua Green

⑯ Light Blue

⑲ Pink

⑳ Violet

㉑ Dark Violet

Hoopoe

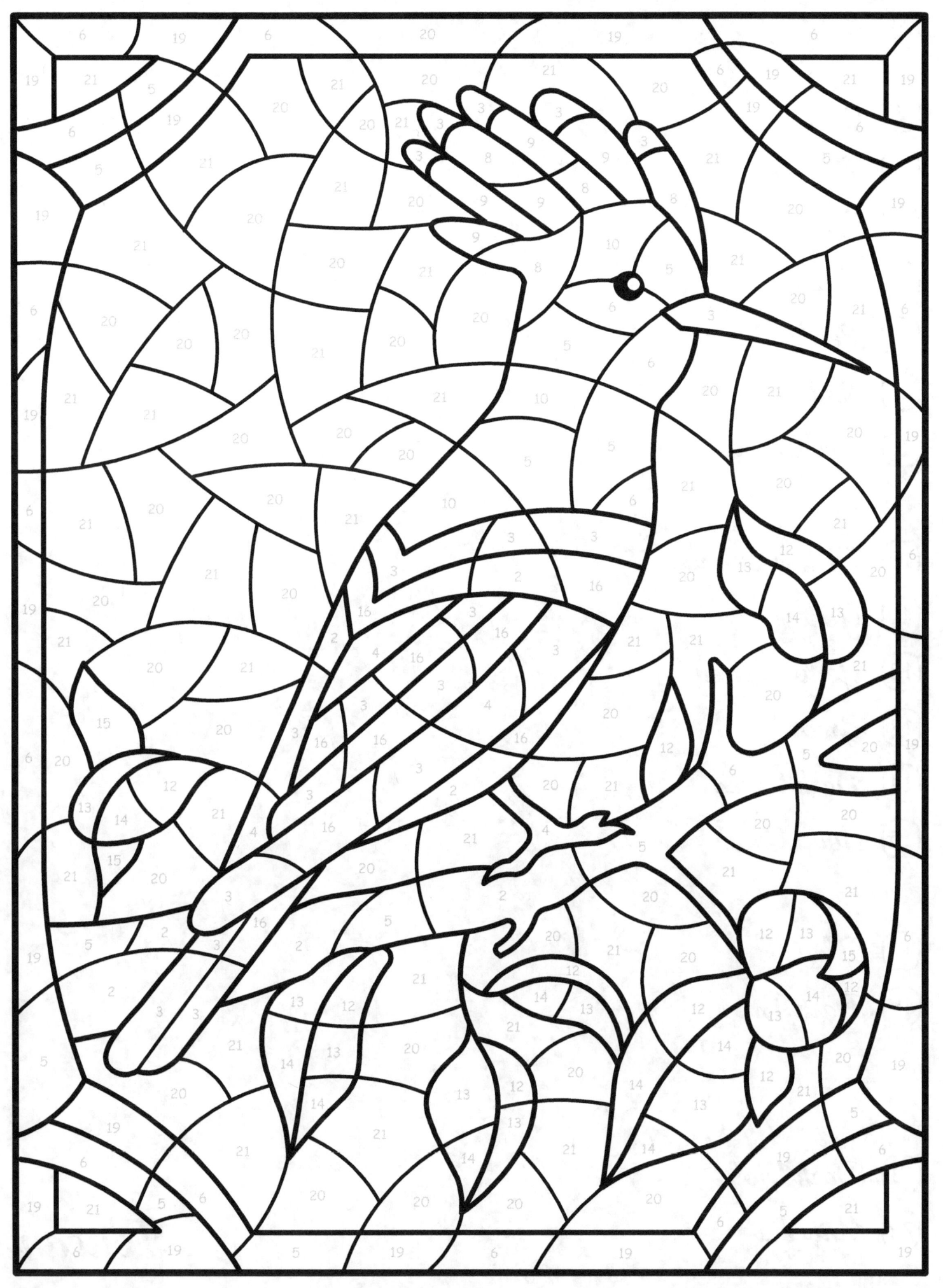

(2) Gray

(3) Dark Brown

(4) Brown

(5) Tan

(6) Peach

(7) Red

(8) Red Orange

(10) Yellow Orange

(11) Yellow

(12) Yellow Green

(13) Green

(14) Dark Green

(15) Aqua Green

(17) Blue

(18) Dark Blue

(21) Dark Violet

(22) Magenta

Toucan

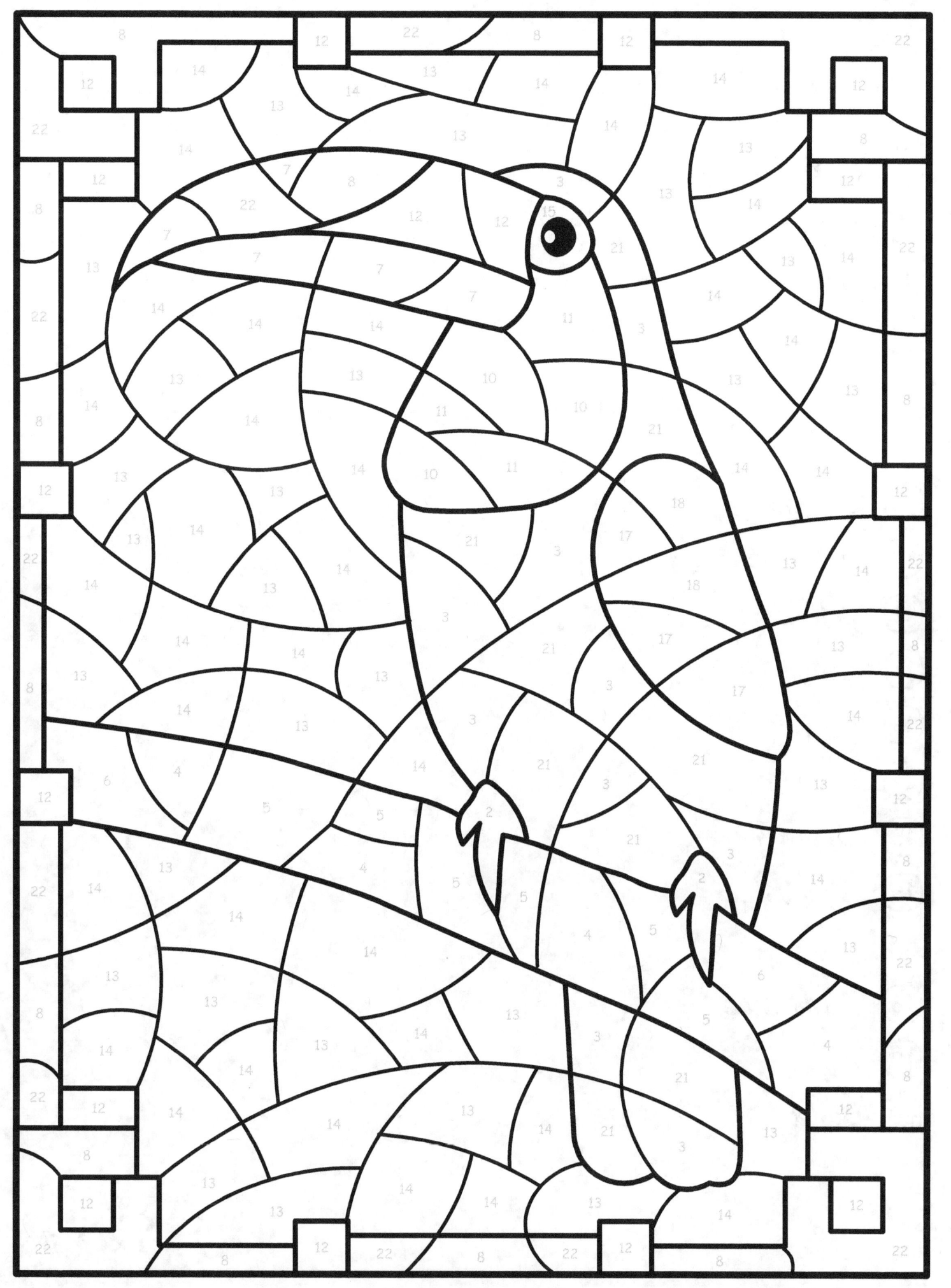

3. Dark Brown
4. Brown
5. Tan
6. Peach

9. Orange
10. Yellow Orange
11. Yellow
12. Yellow Green
13. Green
14. Dark Green
15. Aqua Green
16. Light Blue

18. Dark Blue
19. Pink
20. Violet

Parrot

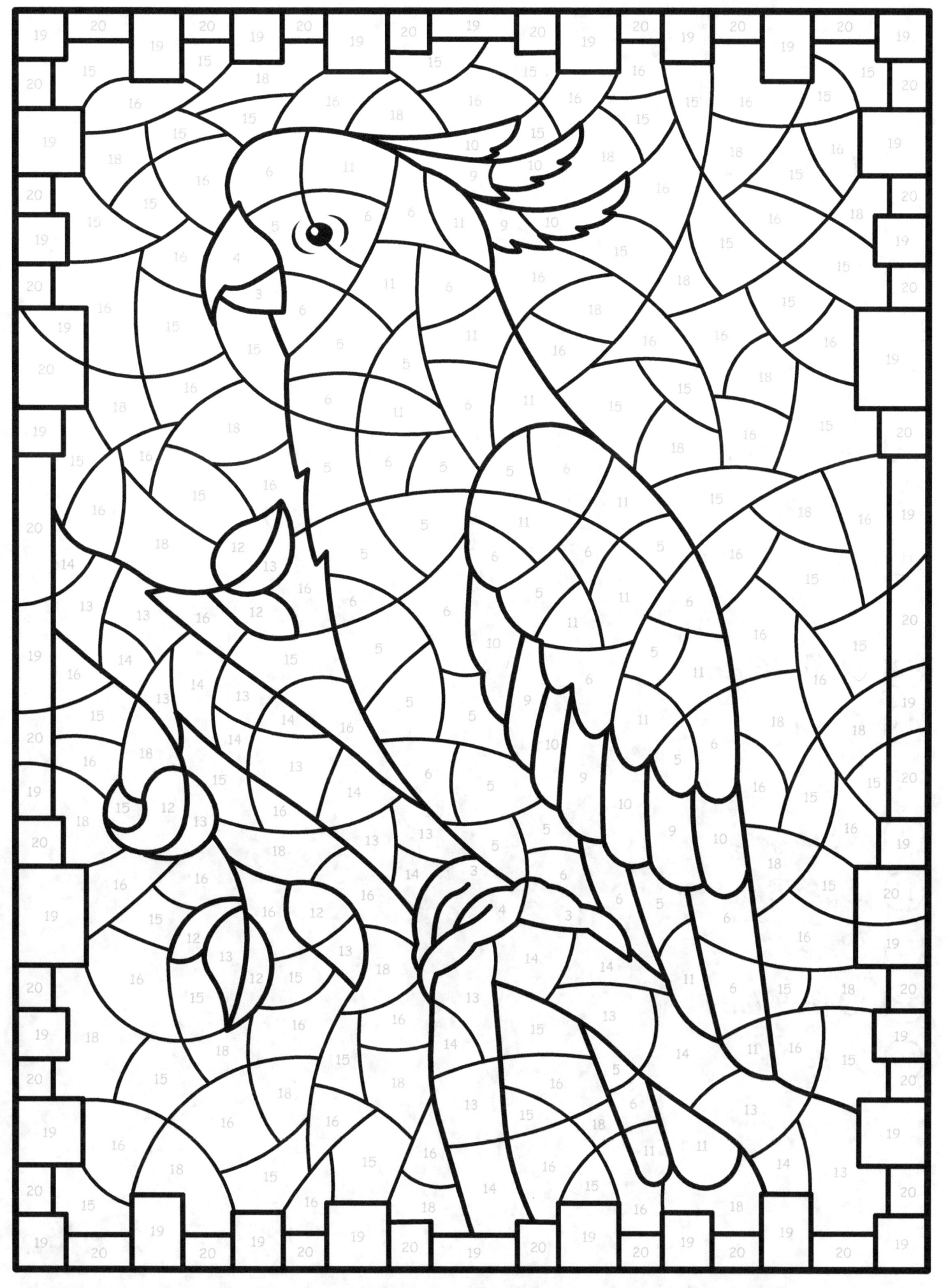

(3) Dark Brown

(4) Brown

(5) Tan

(6) Peach

(7) Red

(8) Red Orange

(9) Orange

(10) Yellow Orange

(12) Yellow Green

(13) Green

(15) Aqua Green

(16) Light Blue

(17) Blue

(18) Dark Blue

(19) Pink

Puffin

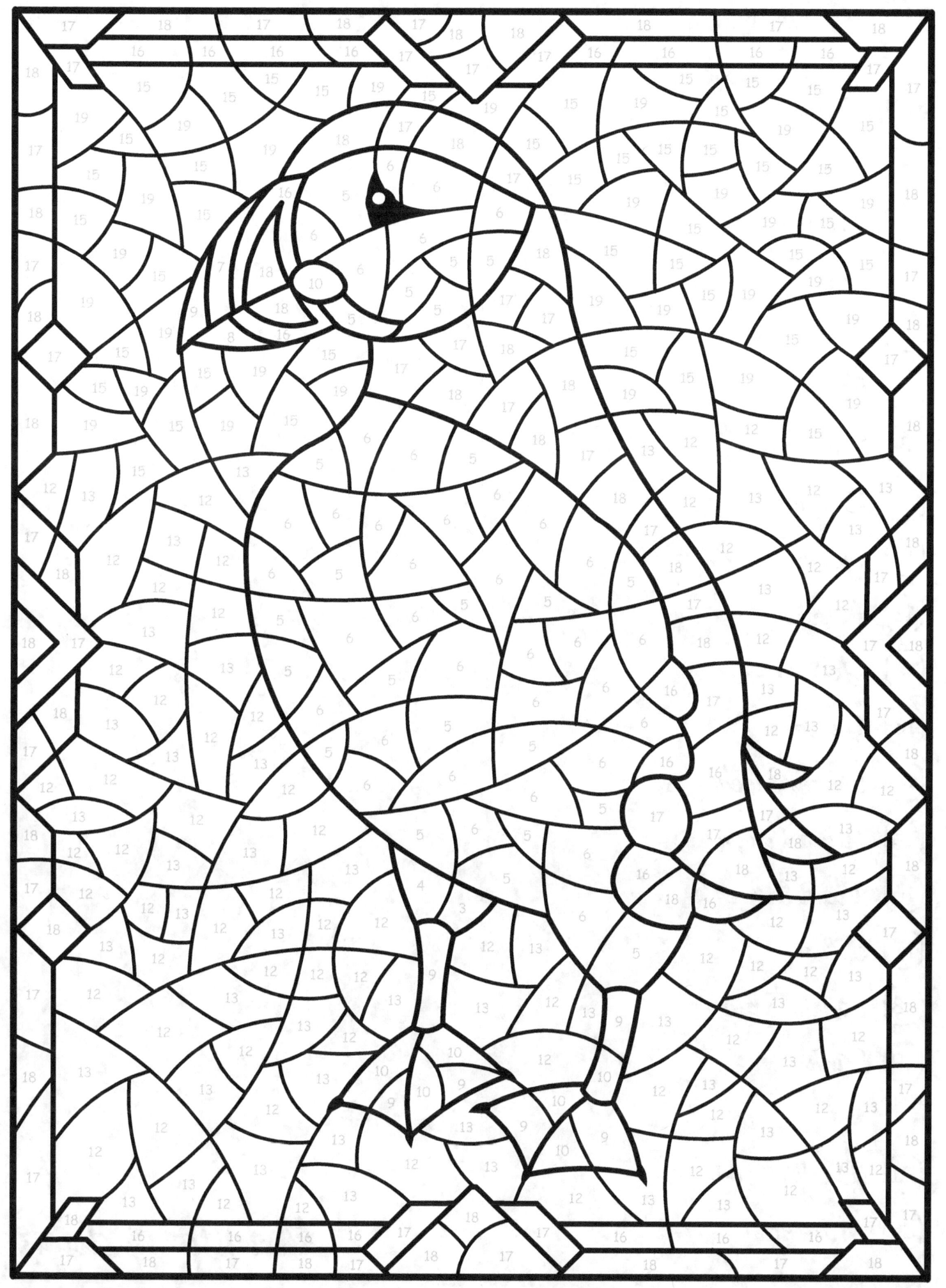

2 Gray

3 Dark Brown

4 Brown

5 Tan

6 Peach

7 Red

8 Red Orange

9 Orange

10 Yellow Orange

11 Yellow

12 Yellow Green

13 Green

14 Dark Green

15 Aqua Green

16 Light Blue

17 Blue

18 Dark Blue

19 Pink

21 Dark Violet

22 Magenta

Mandarin duck

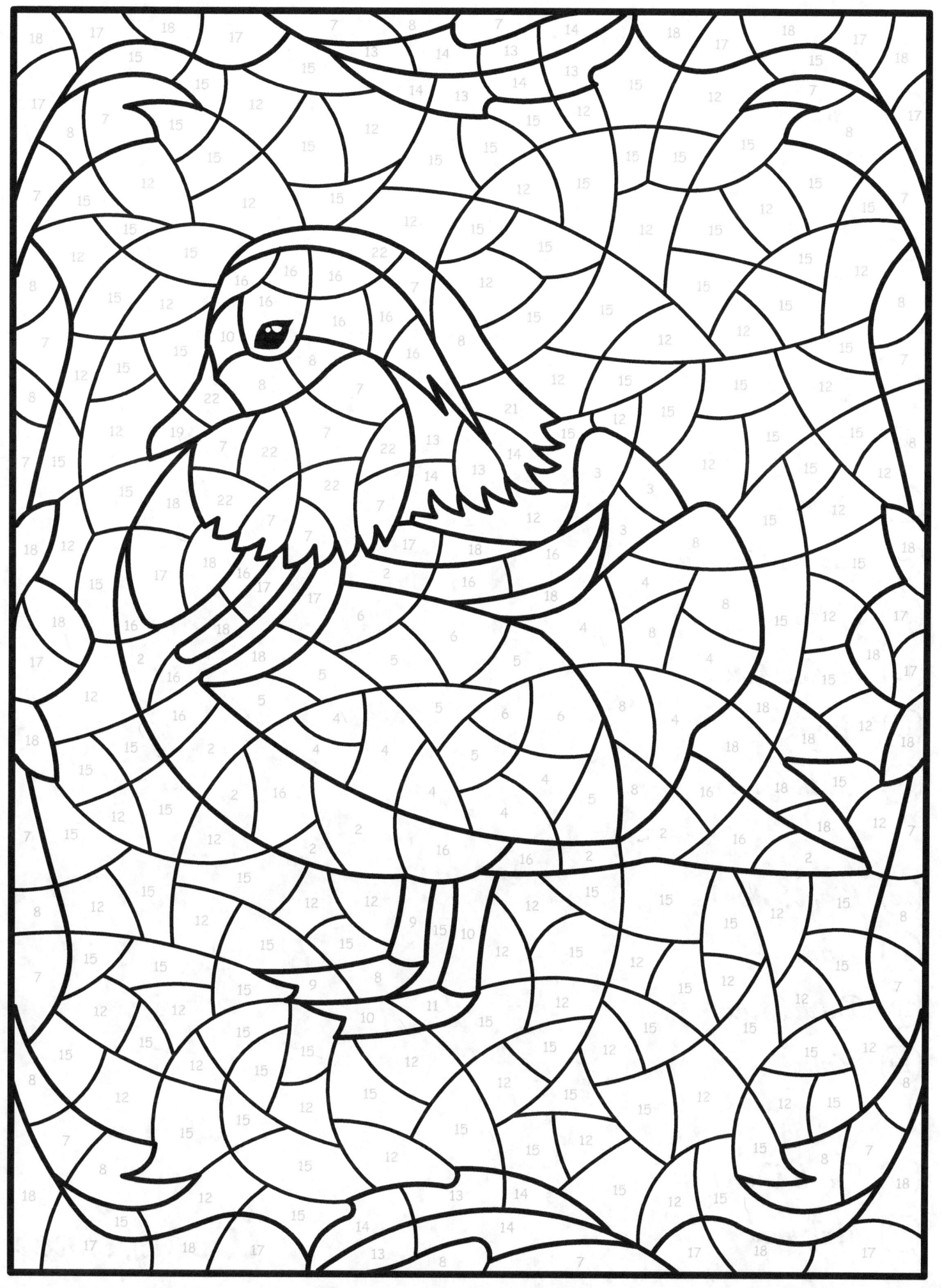

(2) Gray

(3) Dark Brown

(4) Brown

(5) Tan

(6) Peach

(7) Red

(8) Red Orange

(9) Orange

(10) Yellow Orange

(11) Yellow

(12) Yellow Green

(13) Green

(14) Dark Green

(16) Light Blue

(17) Blue

(18) Dark Blue

(19) Pink

(21) Dark Violet

(22) Magenta

Woodpecker

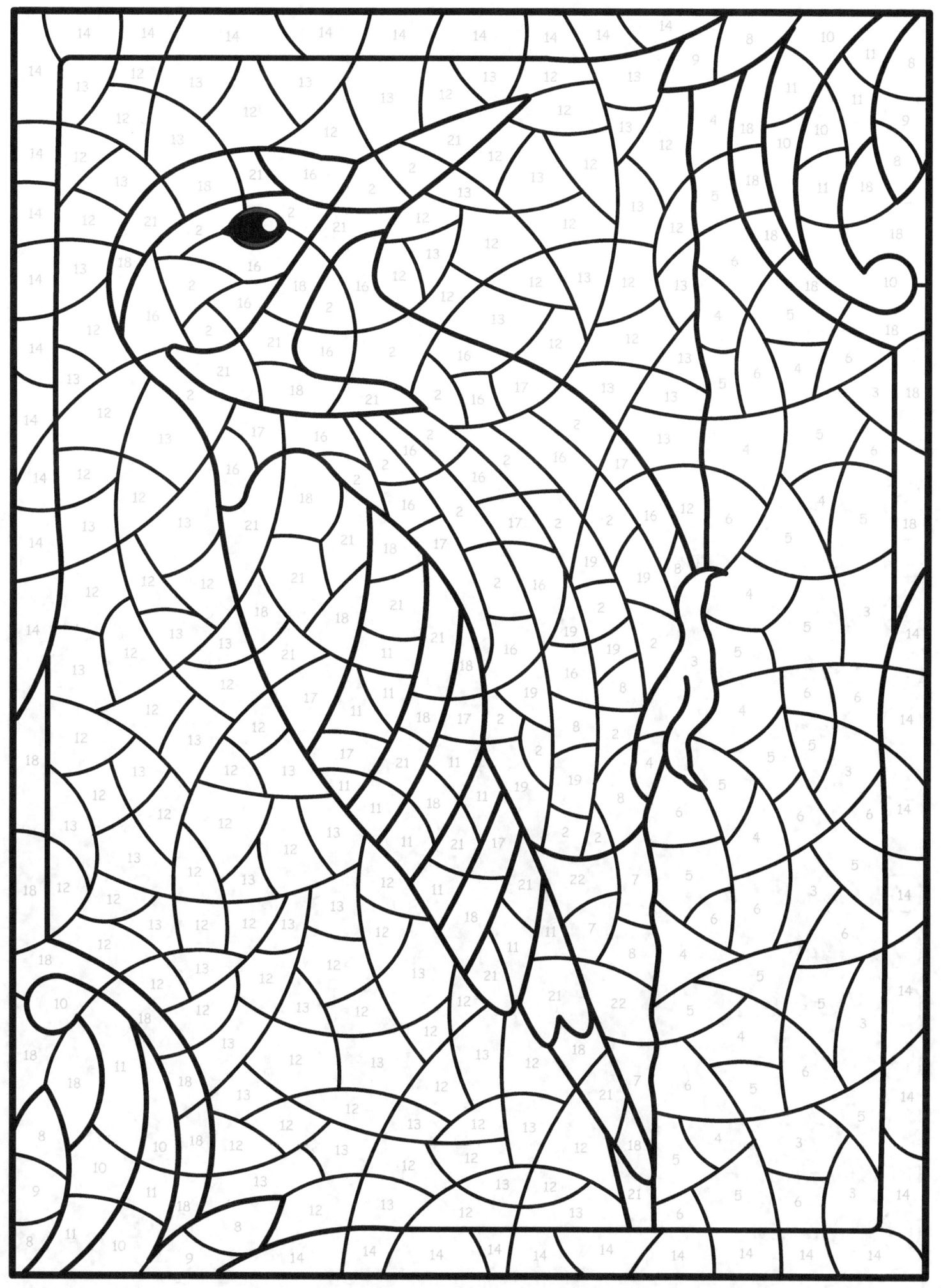

②　Gray

④　Brown

⑥　Peach

⑨　Orange
⑩　Yellow Orange
⑪　Yellow
⑫　Yellow Green
⑬　Green
⑭　Dark Green

⑯　Light Blue
⑰　Blue
⑱　Dark Blue
⑲　Pink
⑳　Violet
㉑　Dark Violet
㉒　Magenta

Pigeon

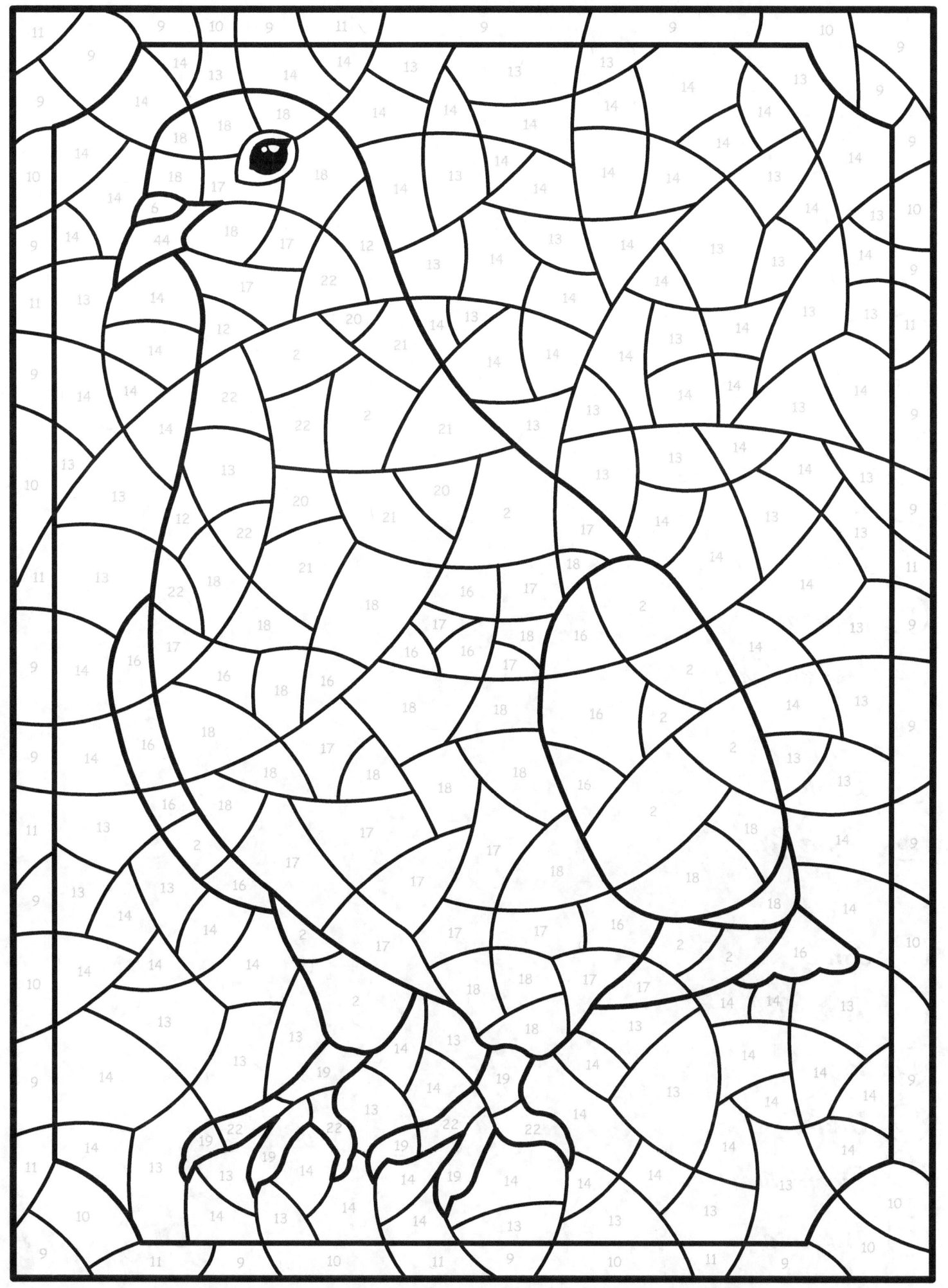

(2) Gray

(3) Dark Brown

(4) Brown

(5) Tan

(6) Peach

(7) Red

(8) Red Orange

(9) Orange

(10) Yellow Orange

(11) Yellow

(12) Yellow Green

(14) Dark Green

(15) Aqua Green

(17) Blue

(18) Dark Blue

(19) Pink

(20) Violet

(21) Dark Violet

(22) Magenta

Pheasant

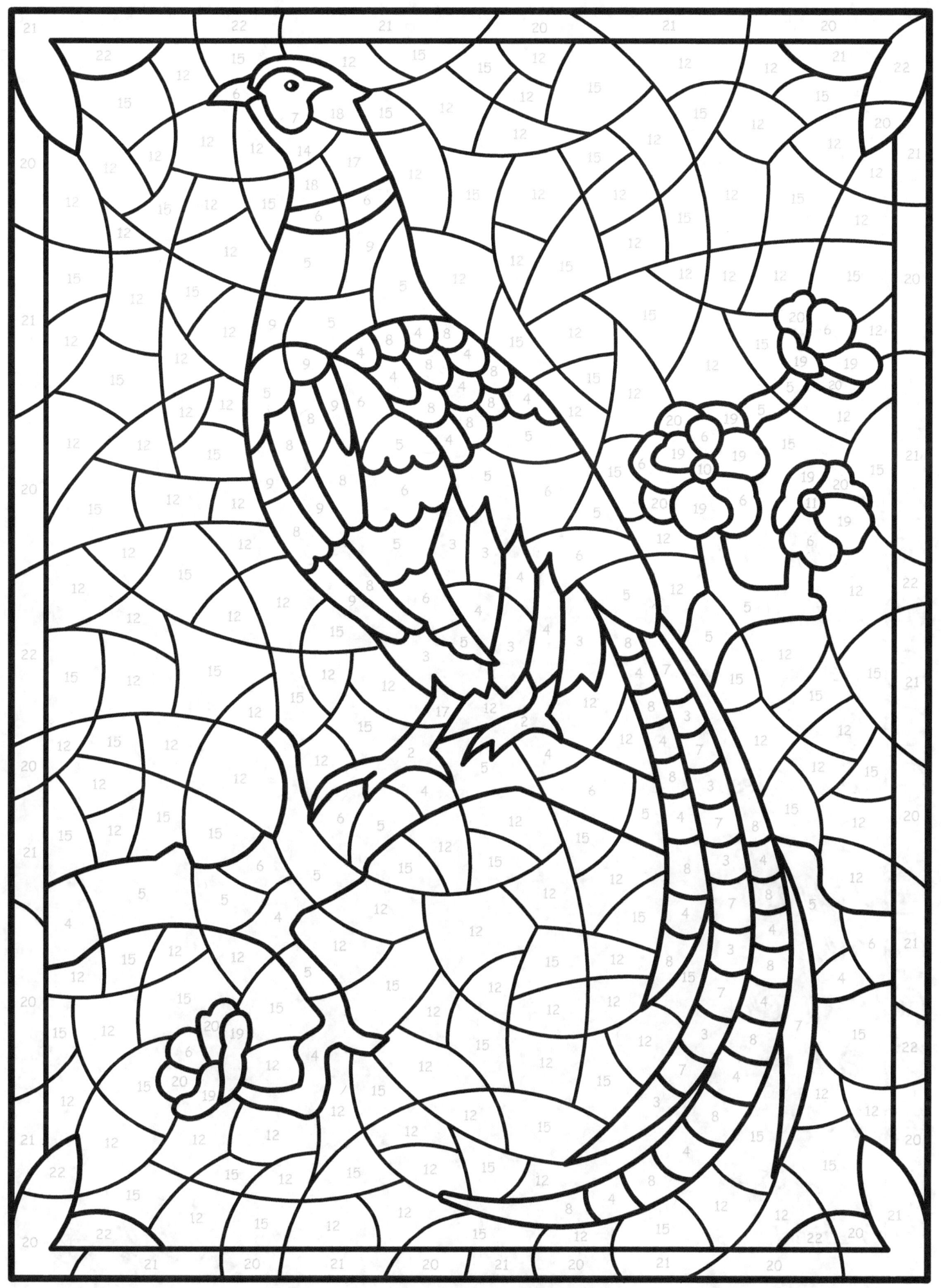

- (2) Gray
- (3) Dark Brown
- (4) Brown
- (5) Tan
- (6) Peach
- (7) Red
- (8) Red Orange

- (10) Yellow Orange
- (11) Yellow
- (12) Yellow Green
- (13) Green
- (14) Dark Green

- (16) Light Blue
- (17) Blue
- (18) Dark Blue
- (19) Pink
- (20) Violet
- (21) Dark Violet
- (22) Magenta

Goldfinches

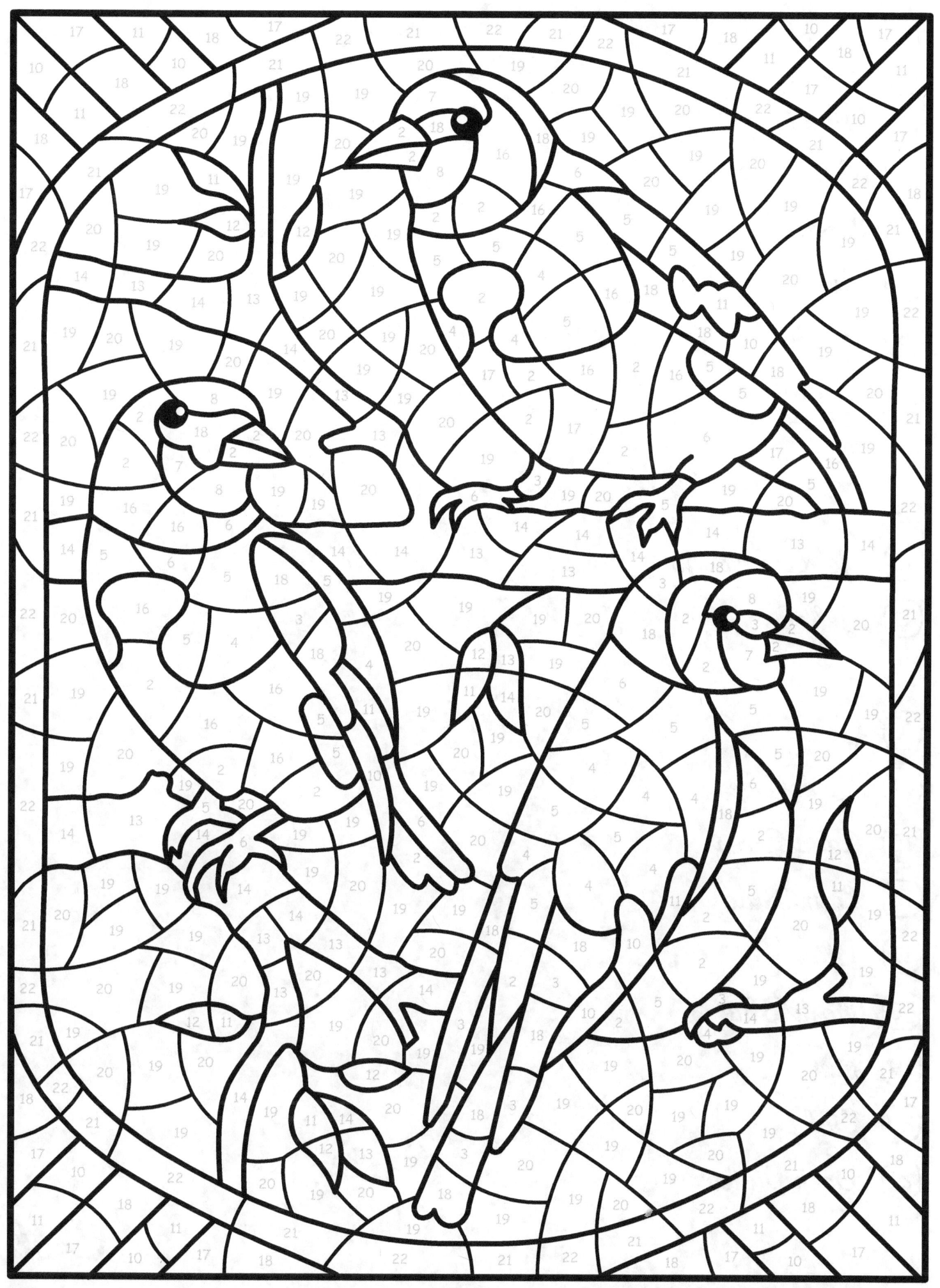

② Gray

③ Dark Brown

④ Brown

⑤ Tan

⑥ Peach

⑩ Yellow Orange

⑪ Yellow

⑬ Green

⑭ Dark Green

⑮ Aqua Green

⑯ Light Blue

⑰ Blue

⑱ Dark Blue

⑲ Pink

⑳ Violet

㉑ Dark Violet

Owl

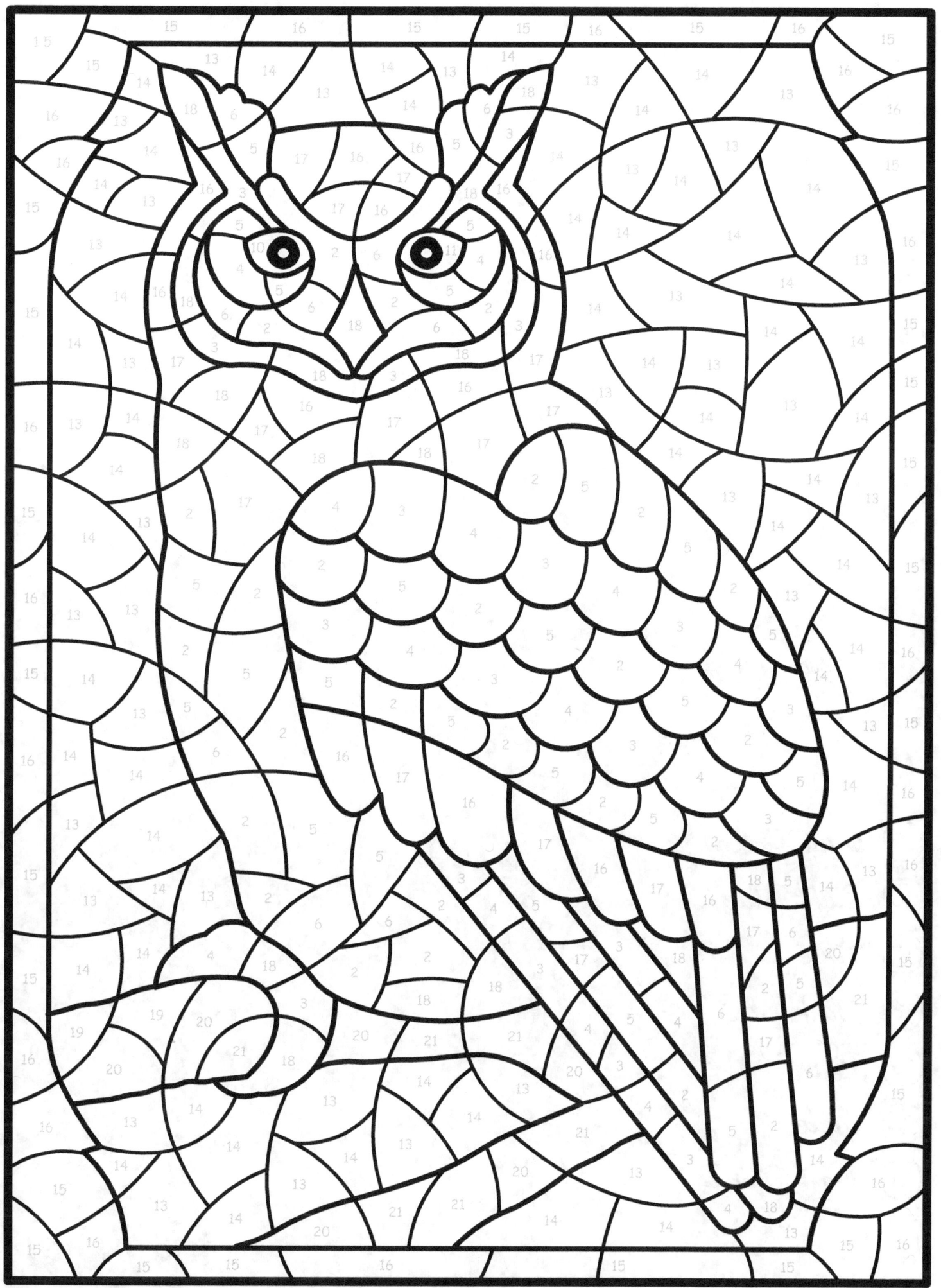

2 Gray
3 Dark Brown

5 Tan
6 Peach

9 Orange

12 Yellow Green

15 Aqua Green
16 Light Blue
17 Blue
18 Dark Blue
19 Pink
20 Violet
21 Dark Violet

Flamingo

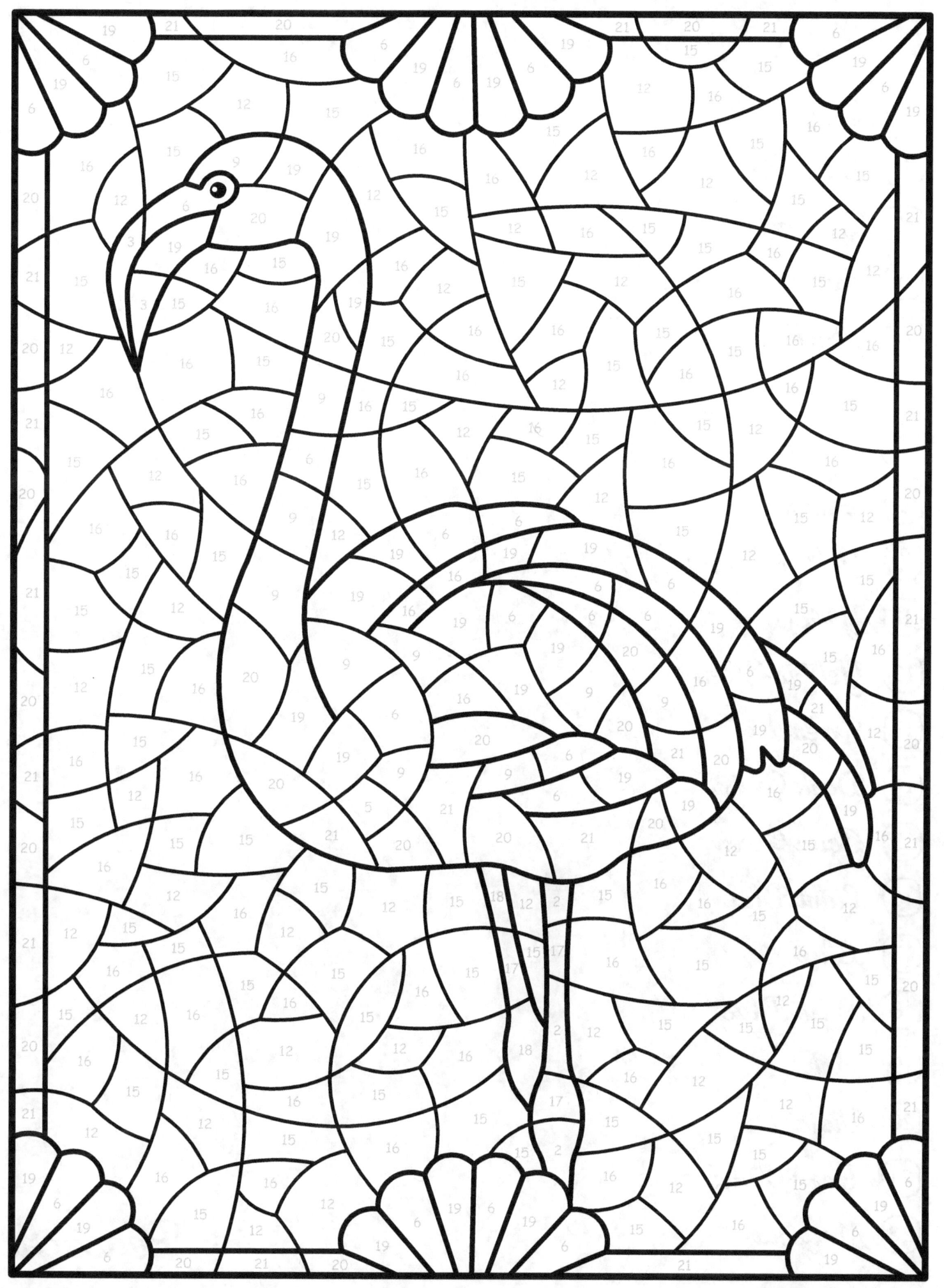

(2) Gray

(3) Dark Brown

(4) Brown

(5) Tan

(6) Peach

(9) Orange

(10) Yellow Orange

(11) Yellow

(12) Yellow Green

(13) Green

(14) Dark Green

(15) Aqua Green

(16) Light Blue

(17) Blue

(18) Dark Blue

(19) Pink

(20) Violet

(21) Dark Violet

(22) Magenta

Peacock

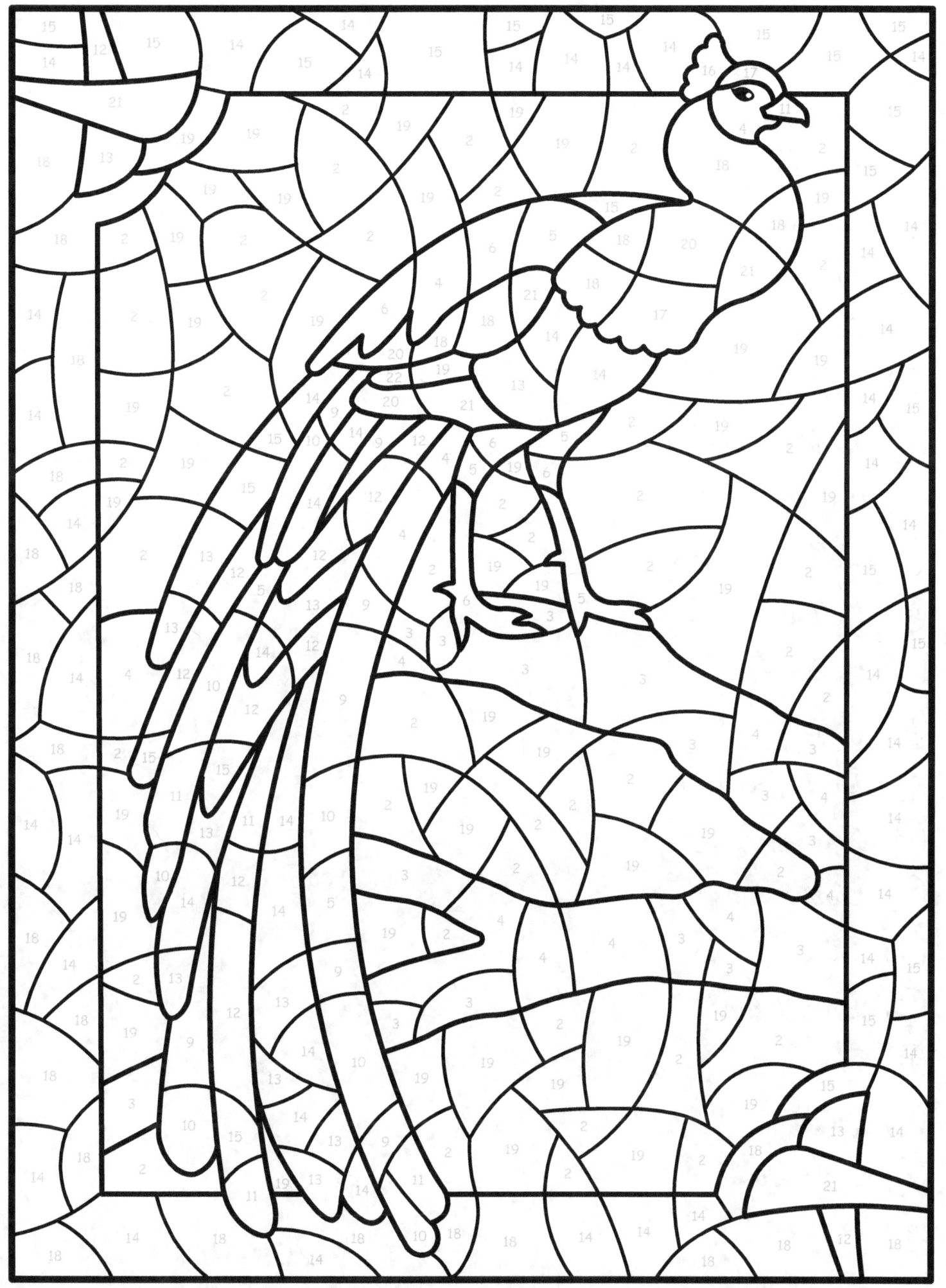

(3) Dark Brown

(4) Brown

(5) Tan

(6) Peach

(7) Red

(8) Red Orange

(9) Orange

(10) Yellow Orange

(11) Yellow

(12) Yellow Green

(13) Green

(14) Dark Green

(15) Aqua Green

(16) Light Blue

(17) Blue

(18) Dark Blue

(19) Pink

(20) Violet

(21) Dark Violet

(22) Magenta

Hummingbird

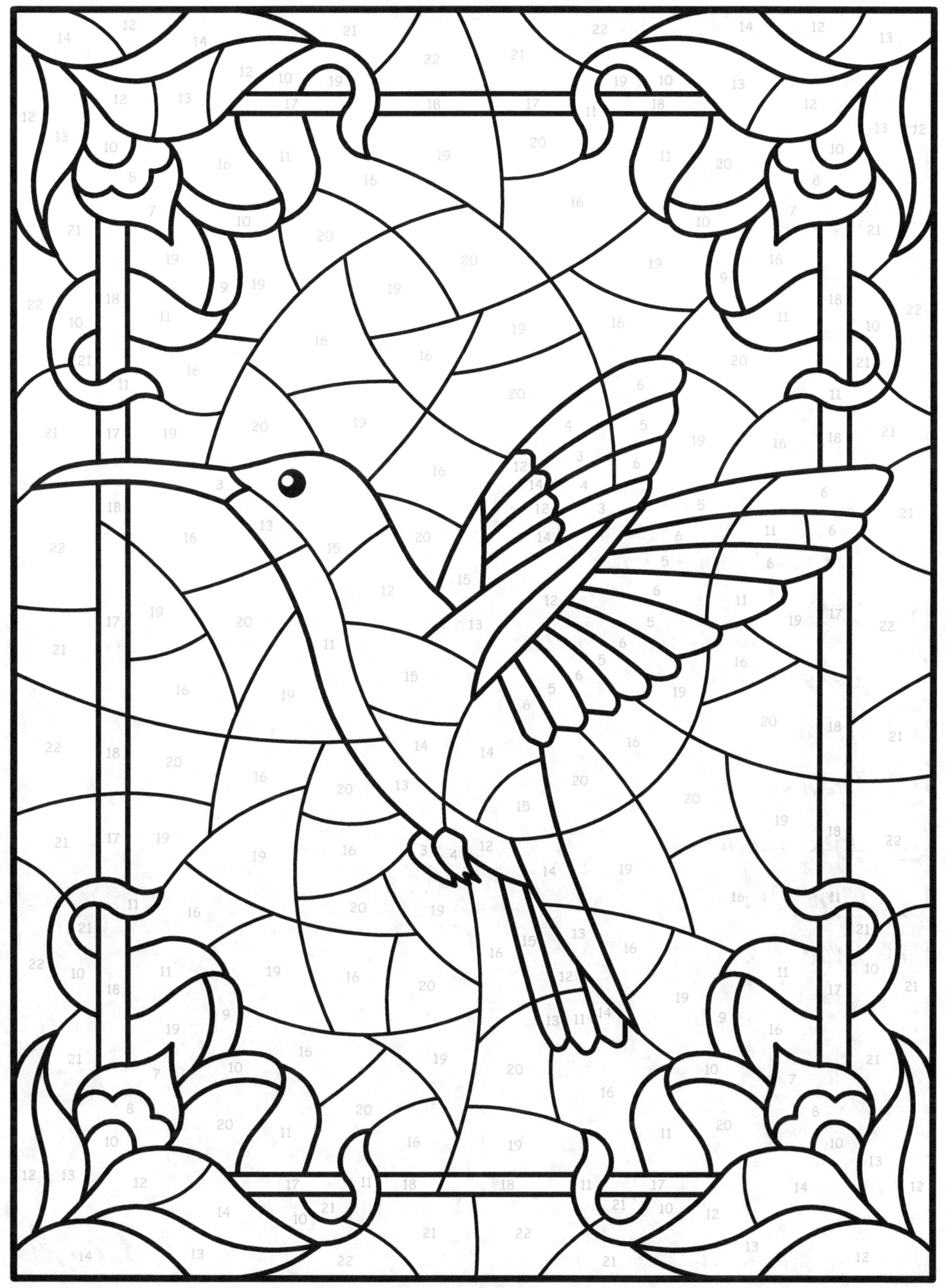

② Gray

③ Dark Brown

④ Brown

⑤ Tan

⑥ Peach

⑧ Red Orange

⑩ Yellow Orange

⑪ Yellow

⑫ Yellow Green

⑬ Green

⑭ Dark Green

⑮ Aqua Green

⑯ Light Blue

⑰ Blue

Eagle

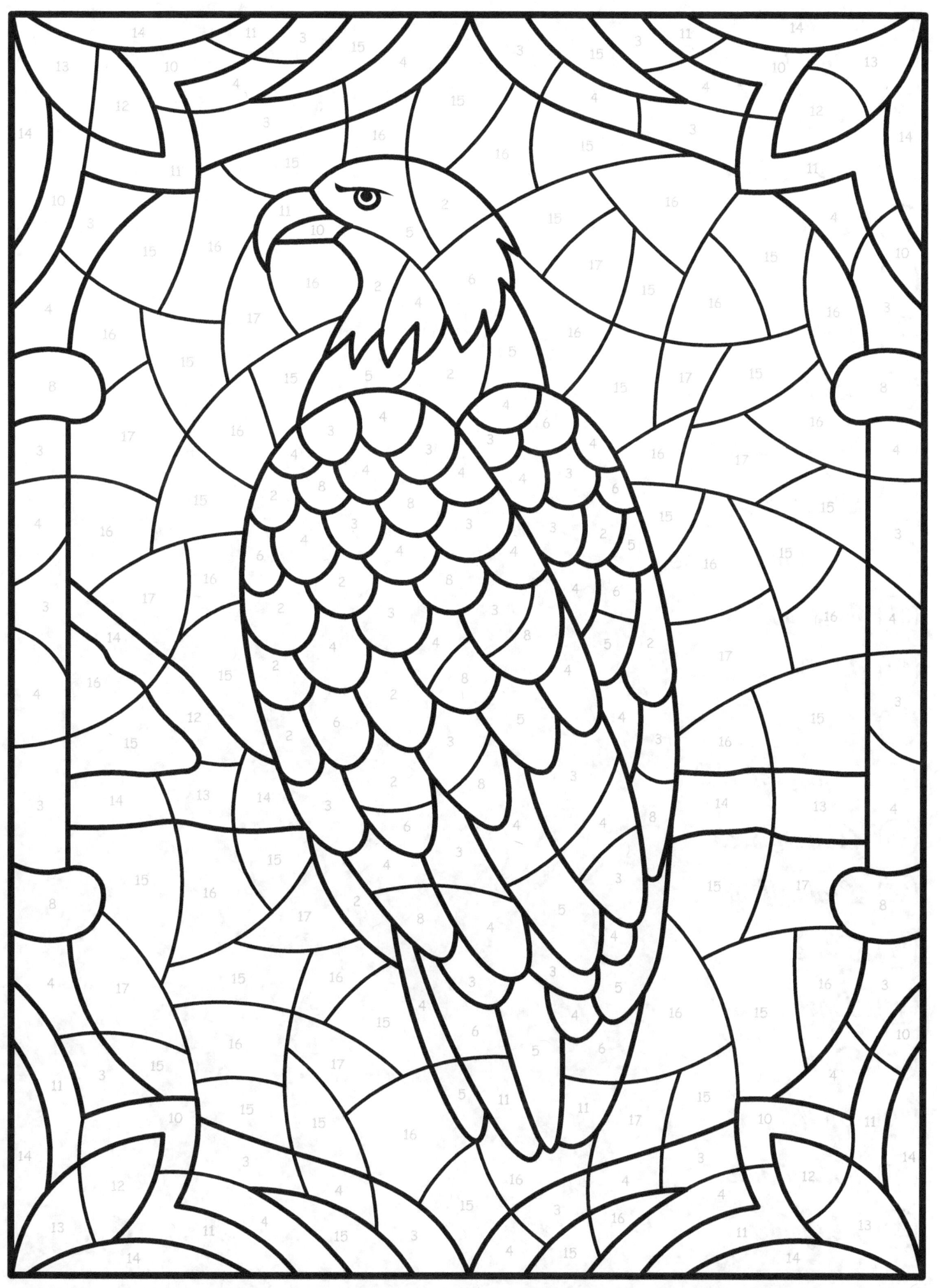

1. Black
2. Gray
3. Dark Brown
4. Brown
5. Tan
6. Peach
7. Red
8. Red Orange
9. Orange
10. Yellow Orange
11. Yellow
12. Yellow Green
13. Green
14. Dark Green
15. Aqua Green
16. Light Blue
17. Blue
18. Dark Blue
19. Pink
20. Violet
21. Dark Violet
22. Magenta

Crane

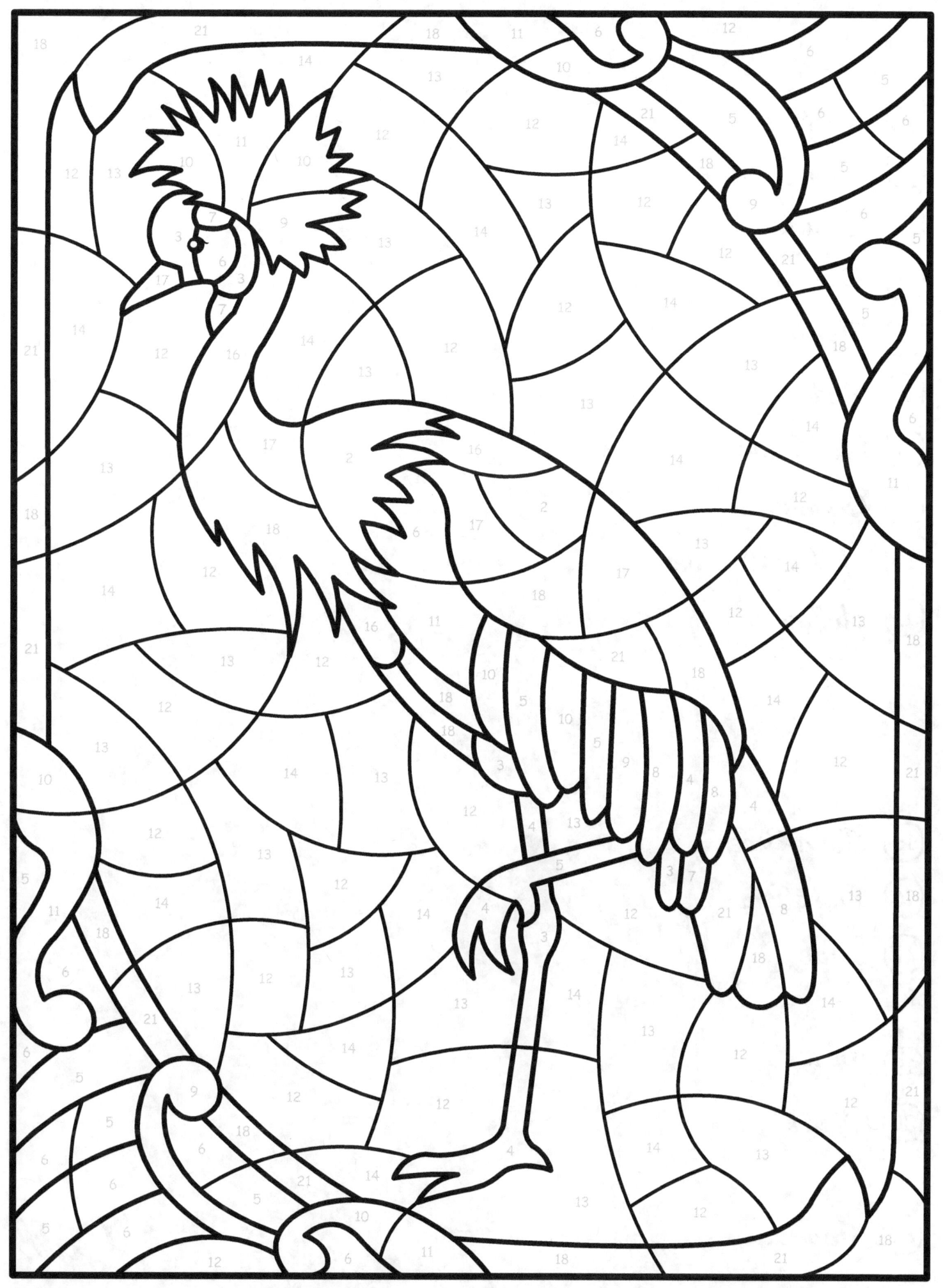

2 Gray

3 Dark Brown

4 Brown

5 Tan

6 Peach

7 Red

8 Red Orange

9 Orange

10 Yellow Orange

11 Yellow

15 Aqua Green

16 Light Blue

17 Blue

19 Pink

20 Violet

22 Magenta

Gull

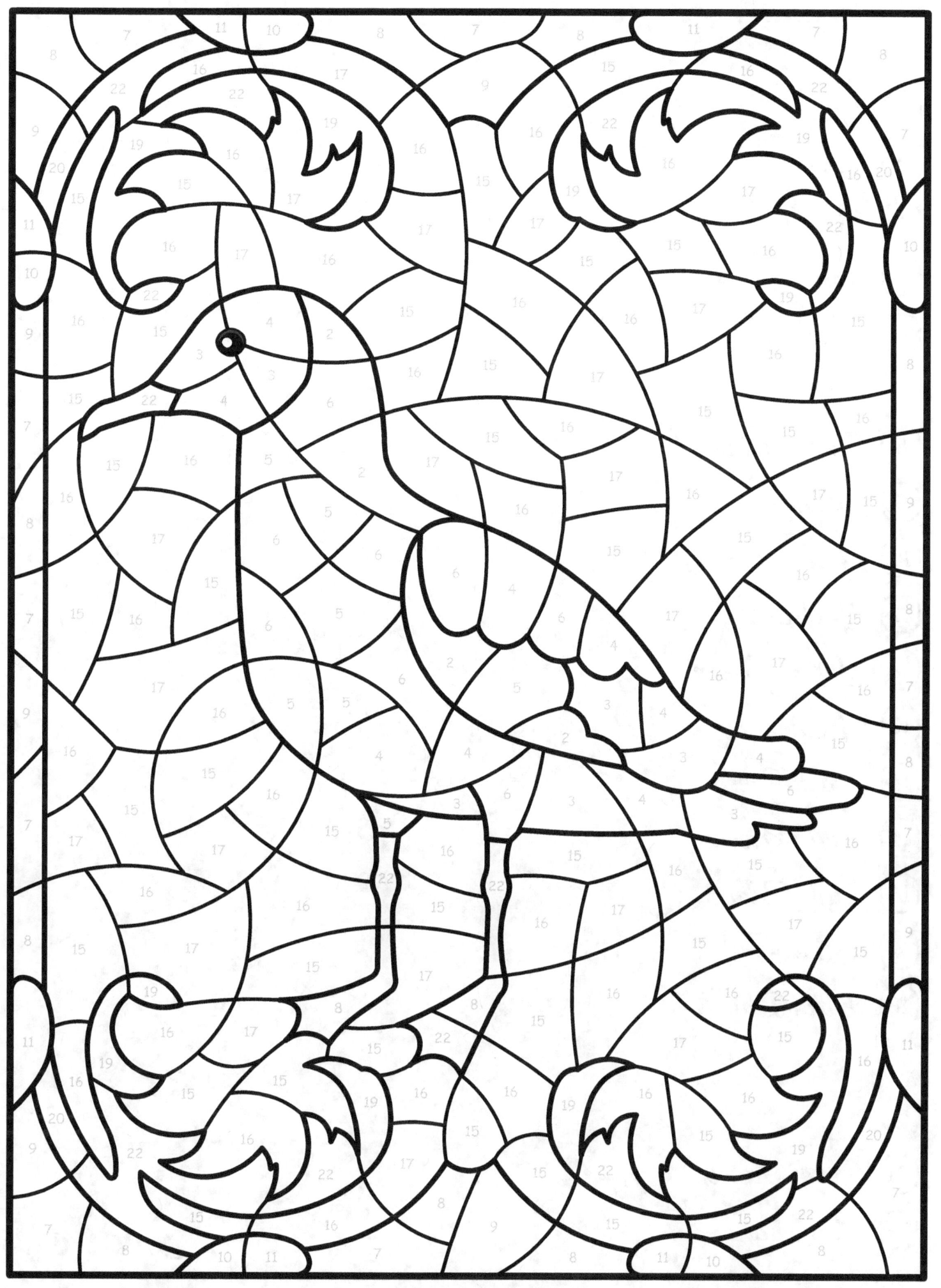

(2) Gray

(3) Dark Brown

(4) Brown

(5) Tan

(6) Peach

(7) Red

(8) Red Orange

(9) Orange

(10) Yellow Orange

(11) Yellow

(12) Yellow Green

(13) Green

(14) Dark Green

(15) Aqua Green

(16) Light Blue

(17) Blue

(18) Dark Blue

(21) Dark Violet

(22) Magenta

Swallow

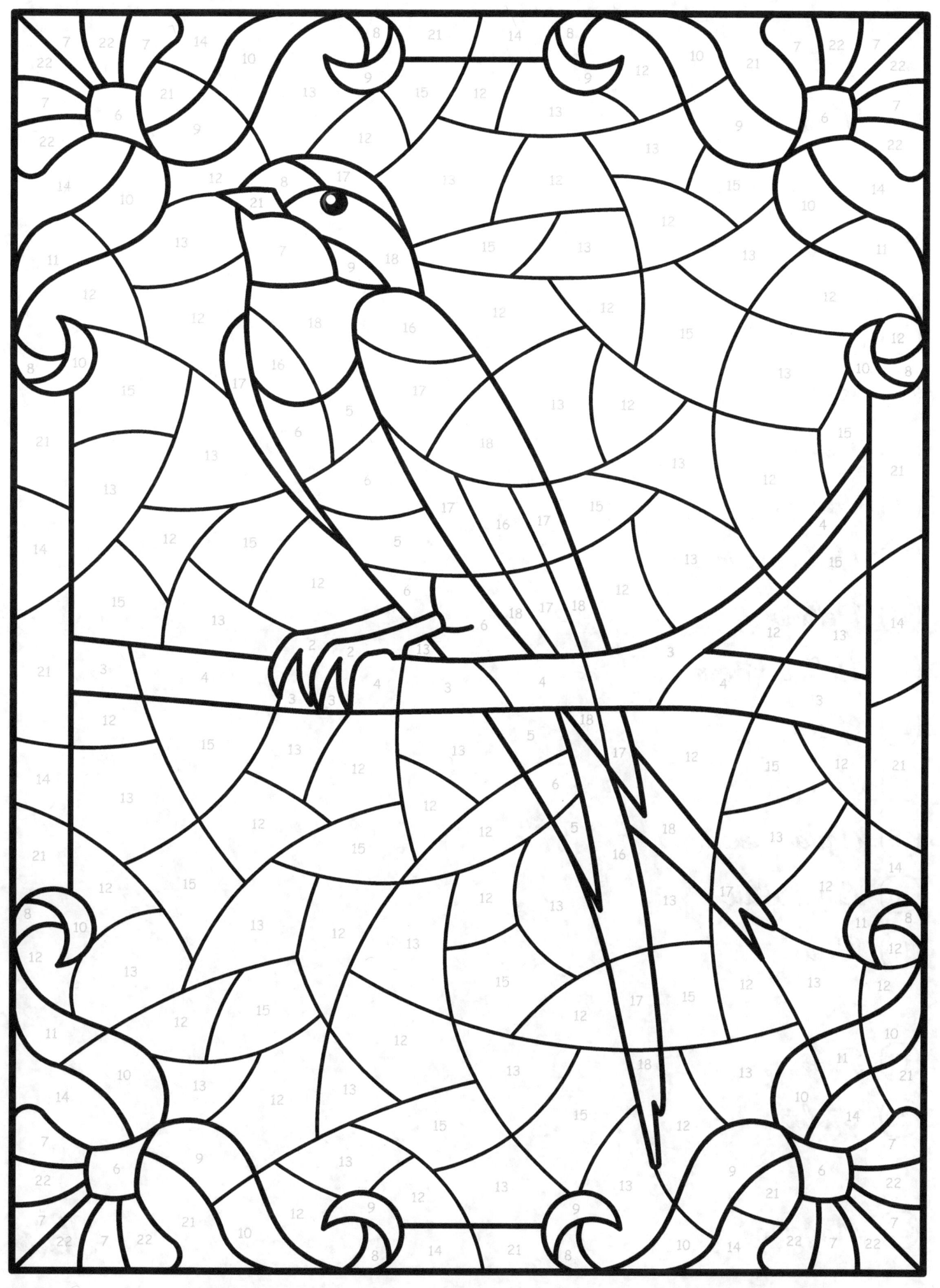

- (2) Gray
- (4) Brown
- (6) Peach
- (7) Red
- (8) Red Orange
- (9) Orange
- (10) Yellow Orange
- (11) Yellow
- (12) Yellow Green
- (13) Green
- (14) Dark Green
- (15) Aqua Green
- (16) Light Blue
- (17) Blue
- (19) Pink
- (20) Violet
- (22) Magenta

Ibis

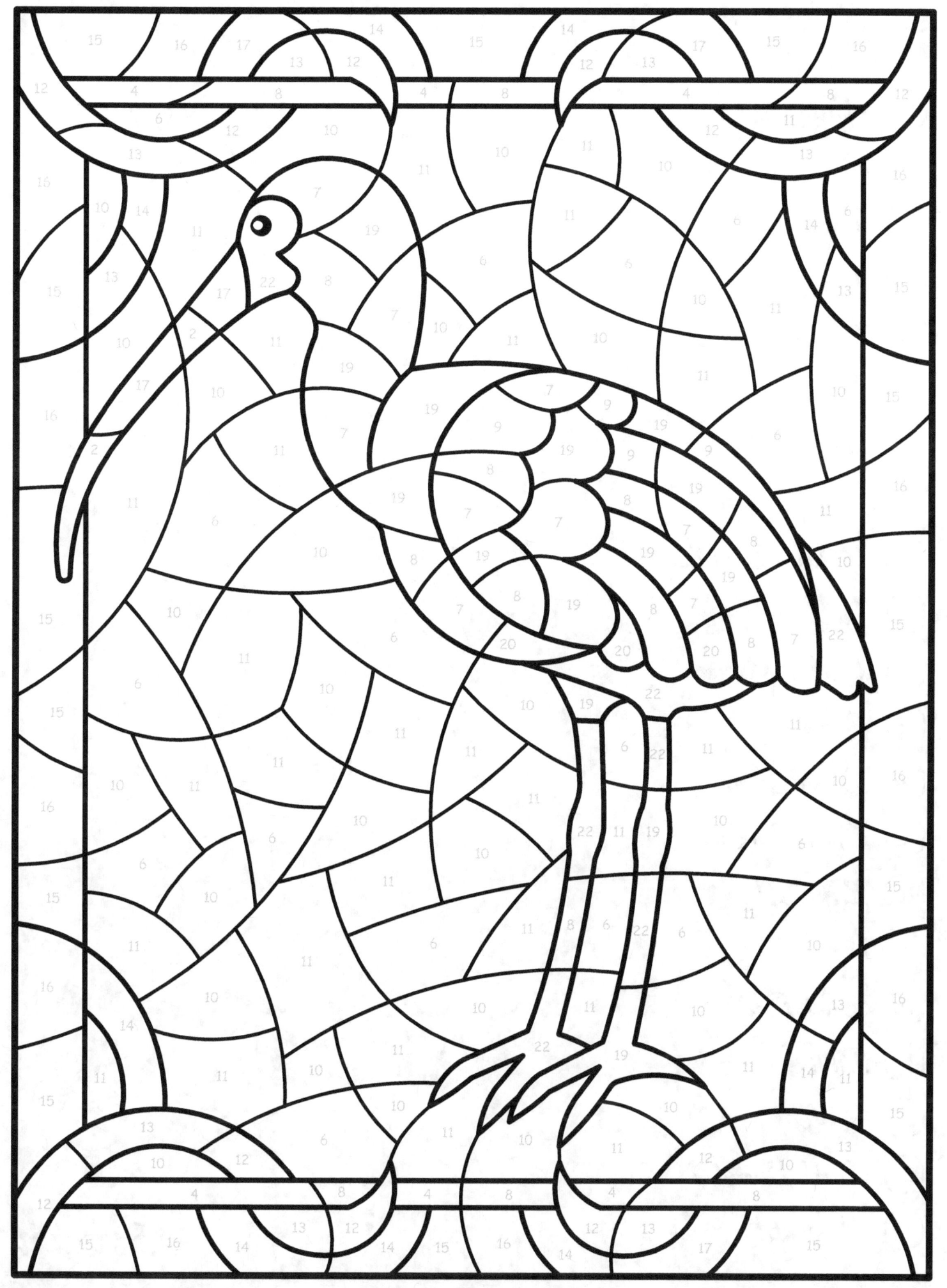

(2) Gray

(3) Dark Brown

(4) Brown

(5) Tan

(6) Peach

(10) Yellow Orange

(11) Yellow

(12) Yellow Green

(13) Green

(14) Dark Green

(15) Aqua Green

(16) Light Blue

(18) Dark Blue

(19) Pink

(20) Violet

(21) Dark Violet

(22) Magenta

Ostrich

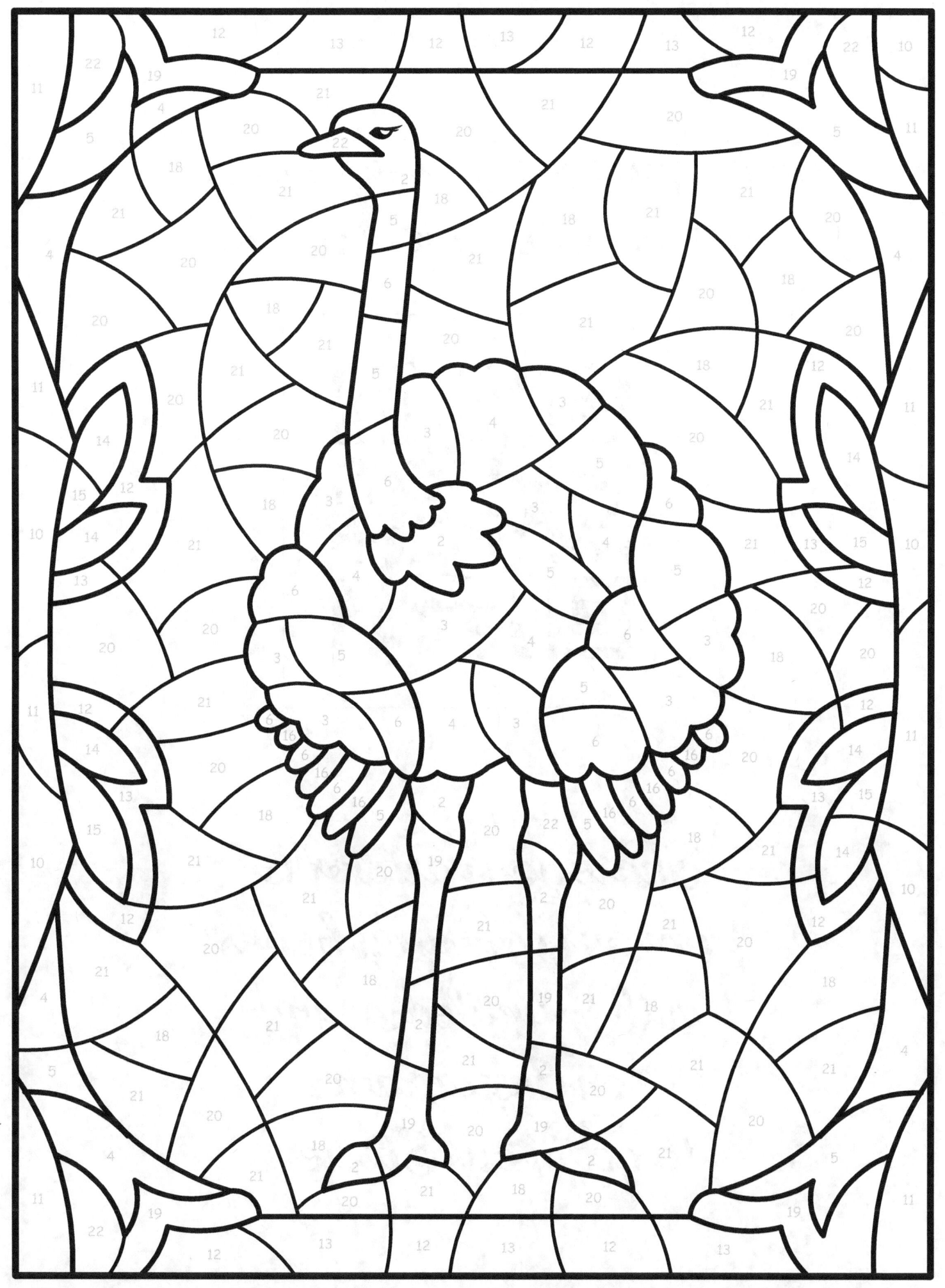

Thank you for choosing this book!
Please rate it on Amazon:

Share your artworks
from our colorimg books
with #sunlifedrawing
on Instagram
to get in our Stories!